MUKUMU

COLONEL HIS HIGHNESS MAHARAJA SIR BIR BIKRAM KISHORE MANIKYA DEV BARMAN BAHADUR

ACHAIKHA: AUGUST 19, 1908 - THWIKHA: MAY 17, 1947

Maharaja Bir Bikram Kishore Manikyani
Rachidok (116th) Achaima Salno Muitu
Khwlai Karijakmani

INTACH

Tripura Chapter

Indian National Trust for Art and Cultural Heritage (INTACH)
Head Office: 71, Lodhi Gardens, Lodhi Estate,
Delhi 110003, New Delhi
Websit: https://www.intach.org

Regional INTACH Chapter Office in Tripura
Office: Chandra Mahal, Ujjayanta Palace
Palace Compound, Agartala
Tripura - 799001
Email: intach.tripura@gmail.com

ISBN: 979-8895199169

INTACH

INDIAN NATIONAL TRUST FOR ART AND CULTURAL HERITAGE

Indian National Trust for Art and Cultural Heritage (INTACH) wngkha Bharat haktorni jotoni swlai kotor manmari-kwrwi songchajak motha. O mothani naharmung wngkha Bharat haktor ni tongkwcham, tomung-chamung, tongmwchang, tangwi manai tei manyani hukumu-mukumu rokno khatiui tei tisaui komorya khe naraknani. INTACH Tripura Chapter wngkha kaisa INTACH Delhini bising o songchajak kaisa bedek. Tripura hasteni hukumu-mukumu rokno mwthangwi narwkna bagwi, o mothani bwkhaktwi juda-juda samung khwlai jakha. Motha chengsa phuruni simi, INTACH juda-juda samung khwlaiui Bharat haktor ni tomung-chamungni hukumu-mukumuno khatikha, tei luku rokno baithangni samung khwlaina bagwi awai khwlaima bisingtwi mothano tisakha. INTACH nokphang kwrwi nok, mangtai, hukumuni kerang kothoma, rwchapmung, mwsamung, laibumani manwi-khwnwi, hairokno khati o. Tei o samung rokno khwlaina bagwi, haktorni kwrwng borok rokno barja yapharjago. Abono karwibo, kubuni saktharwi chubanai rokni chubachubai khatioi tei narakgwi samung khwlai o.

FOREWORD

Maharaja Bir Bikram Kishore Manikya Bahadur, a name synonymous with visionary leadership and progressive governance, stands as a monumental figure in the history of Tripura. His reign from 1923 to 1947 marked a golden era, characterized by transformative changes and development that left an indelible mark on Tripura's historical, socio-economic and cultural landscape.

As the State Convenor of the Indian National Trust for Art and Cultural Heritage (INTACH) Tripura, I am happy to say that we have been instrumental in promoting the history of Tripura. It has always been our endeavour to create awareness and instil a sense of pride in our rich heritage. However, one of the biggest challenges that we faced was writing in Kokborok as not enough work had been done earlier. It has been a daunting task as writing in Kokborok is not easy. One faces hurdles in translating from English and Bangla Into Kokborok since they do not have their equivalent words. Despite these challenges, I am glad that this time we have been able to briefly document some important aspects of the life and legacy of Maharaja Bir Bikram Manikya offering readers an in-depth look at his visionary policies, his commitment to modernization, and his profound love for his people.

Much effort and research has gone into bringing out this very first Commemorative Issue in Kokborok on the occasion of Maharaja Bir Bikram Kishore Manikya's 116th Birth Anniversary. This monumental piece of work has been done by our young INTACH Tripura Chapter Member, Shri Boyar Deb Barma and I wish him all success. I am sure that this will encourage him to write in the future as well.

This foreword serves as an Invitation to explore the remarkable journey of Maharaja Bir Bikram Kishore Manikya Bahadur Dev Burman, a leader whose legacy continues to inspire and whose contributions remain etched in the annals of Tripura's history. May this work enrich your understanding of his life and provide a comprehensive perspective on the era he so profoundly shaped.

I sincerely wish to thank and congratulate Boyar Deb Barma for doing research and putting in a lot of hard work in bringing out this very first copy of "Mukumu," in Kokborok on this auspicious occasion, that is, on the 116th Birth Anniversary of Maharaja Bir Bikram Kishore Manikya. I hope it will help our readers especially our Kokborok speakers, to understand our history and inspire them to do further research and write in Kokborok, as this will help preserve and promote the language.

Dated: August 19th, 2024   Sincerely,

    Agartala, Tripura   Maharajkumari Pragya Deb Burman

                                              Convenor, INTACH Tripura Chapter

KOKYAPHANG

Colonel His Highness Maharaja Sir Bir Bikram Kishore Manikya Dev Barman Bahadurni rachidok (116th) achaima sal pungmano muitu khwlaiwi, INTACH Tripura Chapterni bwkhaktwi, Kokborok kokbai puila bini langmani laibumano twiwi swijakha "Mukumu (Souvenir)" hwnwi kaisa bijap. O bijap "Mukumu" o, bini jorani sajakya laibumani kokno cherwi, naitukgwi tei poriui, karijakya mangpli bai baksa khe karijakha. O Bijap o, bo chwraini omoro bugra wngmani, hayung tei European haktor rogo beraimani, Wainwi Hayung Choba (WW - II) o chubamani, hasteni juda juda kerong raidano kwtal khe swnam phirmani, birindia rokno kwrak khe tisamani, luku tei haste hamkraini samung khwlai langmani, tabukni Agartala birkhung khola (Airport) swnam langmani hai rokni laibumani kok rokno sinai. Abono karwibo, bo hasteni Pancha Tripur tei Halam bosong rokni thinangno naharwi tei wansukgwi, bohrokno tongkwchang khe tongwi thangwi thanani bagwi, bo ha narwkgwi tei khatiui kwlangkha. Aboni bwthai hinkhe tabukni "Tripura Tribal Area Autonomous District Council (T.T.A.A.D.C.)."

INTACH Tripura Chapterni naikolphang okra, Maharajkumari Pragya Deb Burmani bwkhaktwi o bijap swinani barjano ano yapharma bagwi, ang bono khuluma tei kha tongthokni hambai yaphar o. Ang kha khwlai o, luku rok o bijapno cherwi tei poriui naikhe, Maharaja Bir Bikram Kishore Manikyani kuthuk samungni bwthai hasteno yaphar kwlangmani, tei bini langmani sajakya laibumani kok rokno sinai. Abono karwibo, thinango kuchuk beremni rwng-swrwngo, bini (bugra) langmao saktharwi kha kwrak khe samwng khwlai langmani kokno tabukni bohrok rok sak baithangni langmao phunangwi samung khwlaina bagwi, o bijap chubachu khwlainai. O bijap o chaya tongwi tongkhe, bwskangni karijak phuru chayano swnam phir jaknai. Hambai

Salmari: August 19, 2024
Agartala, Tripura

Boyar Deb Barma
INTACH Tripura Chapterni Adong

TONGBWLAI

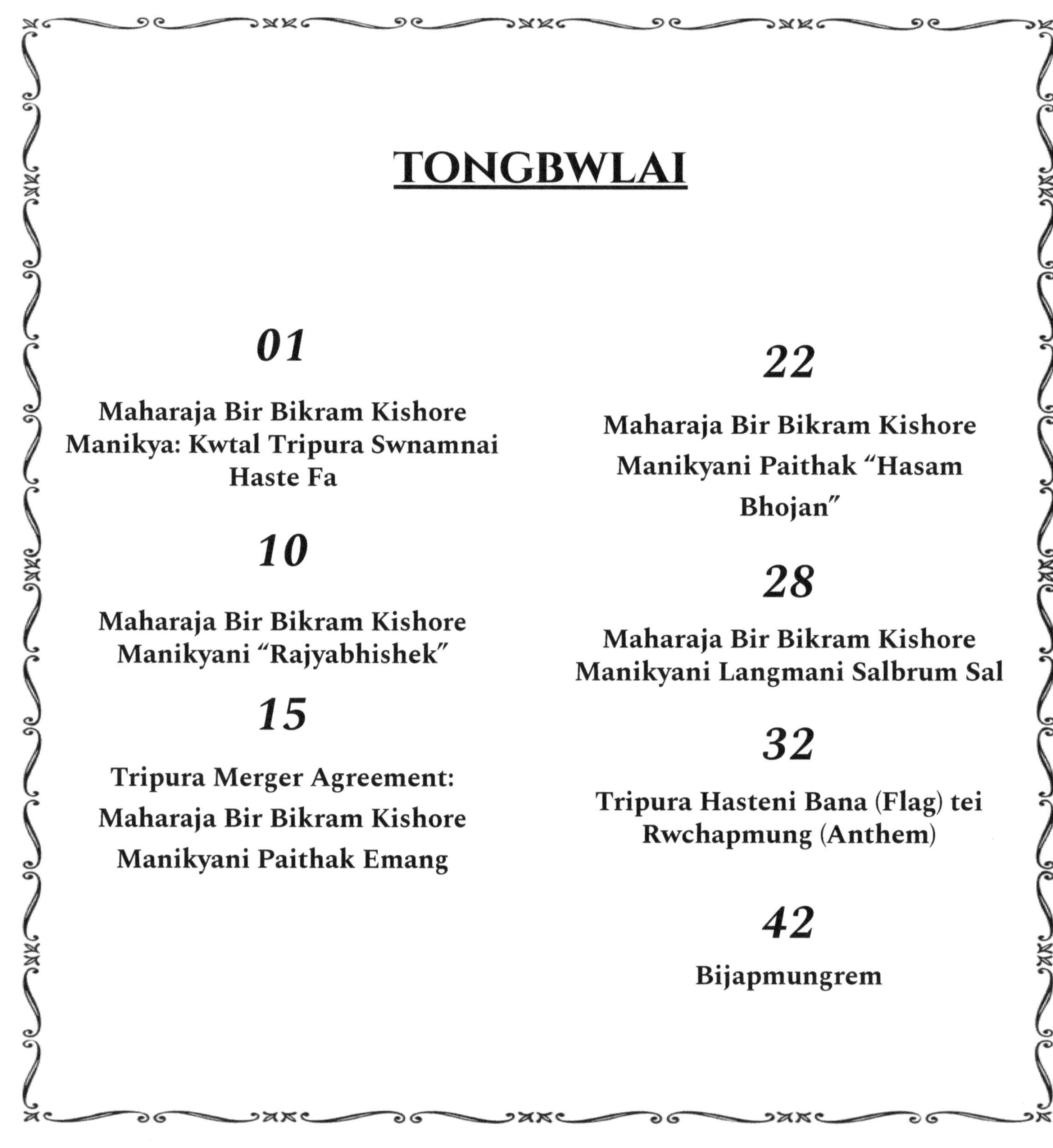

01

Maharaja Bir Bikram Kishore Manikya: Kwtal Tripura Swnamnai Haste Fa

10

Maharaja Bir Bikram Kishore Manikyani "Rajyabhishek"

15

Tripura Merger Agreement: Maharaja Bir Bikram Kishore Manikyani Paithak Emang

22

Maharaja Bir Bikram Kishore Manikyani Paithak "Hasam Bhojan"

28

Maharaja Bir Bikram Kishore Manikyani Langmani Salbrum Sal

32

Tripura Hasteni Bana (Flag) tei Rwchapmung (Anthem)

42

Bijapmungrem

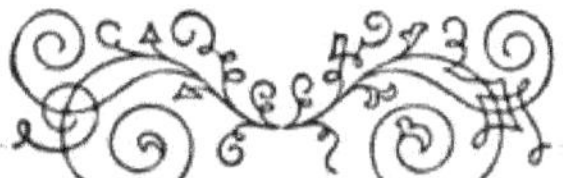

Colonel His Highness Bisama-Samara-Bijoyee Mahamahodhaya Pancha Srijukt Maharaja Sir Bir Bikram Kishore Manikya Dev Barman Bahadur, G.B.E., K.C.S.I., The Maharaja of Princely State Tripura

Maharaja Bir Bikram Kishore Manikya: Kwtal Tripura Swnamnai Haste Fa

Tripura hasteo Maharaja Radha Kishore Manikyani bugra naikolma jorao, Jubraj Birendra Kishore tei Jubrani Arundhutini sajwla wngwi Kumar Bir Bikram Kishore Dev Barma, achaikha 19 August, bisi 1908 o. Bisi 1909 o, Maharaja Radha Kishore Manikya thwimani yakolo, bini yakchu wngwi bugra achukthaio achukha Maharaja Birendra Kishore Manikya Bahadur tei bini sajwlano "Jubraj" swnamkha. Jephuru Jubraja Bir Bikram Kishoreno "Jubraja" swnam jakha, aphuru bisi omor wngkha bisa. Bharat haktoro British haphangni jorao, bugra bwsa rokni rwng-swrwngni bagwi British haphang belaino jwngjal wngjago. Aboni bagwino, nogo phurungnai "Home Tutor" narwkgwi pori rwjagw tei kuchukni rwng-swrwngni bagwi Ajmer Raj College o horwi rwjago. Haiphano, Maharaja Birendra Kishore Manikya bini sajwla Jubaraj, Bir

Bikramni rwng-swrwngni bagwi, khoroksa European, Lt. Colonel O.C. Pulleyno phurungnani bagwi chongjakha. Lt. Colonel Pullyni bisingtwino Jurabaj Bir Bikramni Administration (habani samung) tei rwng-swrwngni samung pairwkha, teise Jubaraj Bir Bikramni o swrwngmao, Political Agentbo belaino chubakha. Rwng-swrwngni bagwi, Jubaraj Bir Bikram tei bini dagiphang, Lt. Col. O.C. Pulley maisingo hinkhe Comilla tei tungblango hinkhe Shillongo tongwi swrwng laio. Bisi 1923 o, Maharaja Birendra Kishore Manikya thwima yakolo, Jubaraja Bir Bikram Kishore Dev Barman, nukhungni kwcham tei bugra raidabai, buphani achukthaio achugwi ha bugra wngkha. British haphang 5 September, 1923 o Maharaja Bir Bikram Kishore Manikyano ha bugra wngmano simimung rwkha tei 22 Septemberni salo "Raj Sabha" bono sinimung rwma bwlaino luku rokno pori khwna rwjakha. Haiphano, bugra achukthaio achuknani omor kasokyani bagwi, British haphangni dagima bai, Maharaja Bir Bikram Kishore Manikya chichuku (19) omor wngyasak, kaisa "Council of Administration" swnamwi hasteni bugra samung naikol jakha. 19 August, 1927 o, Maharaja Bir Bikram Kishore Manikya chichuku omor wngmabai, Salthangni raida (Western Culture) baikhe "Rajyabhishek" khwlaijakha. Bini Rajyabhishekni tero, British haphangni bwkhatwi manjak phainai Bengal Governor, Sir Jackson no 125 Mohor (rangchakni puisa) yapharkha tei British haphangni bwkhaktwi hinkhe Maharaja Bir Bikramno kaisa muktani bwtang kanrwi rwjakha. Kwthar Rajyabishisek terni mukumu narwkna bagwi "Jackson Gate" bumungwi kaisa Ujjayanta nuyungmani bwskango kaisa kotorma haplam swnamjakha. 29 January, 1928 (15 Magh, 1337 Tring) o, teisa Maharaja Bir Bikram Kishore Manikyani Rajyabhishek Hindu tongthar tei raidano twywi khwlaijak phirkha. Bini o Rajyabhishek tero phainai borokrok Agartalani joto thaio pungbaikha. Naruwai phainai rokno lamsoknani, tongthai tei chanani-nungnani hairok joto puilani simino jugaljak. Bini o Rajyabhishek tero Nagar Parikrama, Nagar Kirtan, charchi (80) Mayungrok rangchak tei rwphaibai sajukjak, rwchapmung-mwsamung, Sri Sri Laxminarayano mwtai khuluma, Vedni kok kwthar rwchaplaima, Manipuri Kirtan, bigra-khangra rokno richum, chamung tei malmata bakma, tei luku phainairok charwma-kharwma hairokbai laibumao mukumu swnam kwlangkha.

Maharaja Bir Bikram Kishore Manikya puila kaijakha 16 January, 1929 o. Bini puilani Maharani wngkha Ayodhya ganani Balrampurni bugra sajwk (Maharajkumari) Kritimani Devi. Haiphano, kaijakmani bisani yakolo, Maharani Kritimani Devi 2 November, 1930 o, hayungno yakarwi mwtai chalangkha. Aboni yakolo, bo teisa 28 May, 1931 o, kaijak phirkha Pannani Maharaja Yadvendra Singhni bugra sajwk (Maharajkumari) Kanchan Prabha Devi bai. Bini puilani kailaibari phuru, bono rwphaini thainwi kotor mairangbai rang yaphar jakha tei tabuk ulo hinkhe $45,000 rang yaphar jakha. Maharaja Bir Bikram Kishore Manikyani sajwla okra wngwi achaikha Maharajkumar Kirit Bir Kishore Dev Barman bisi 1933 o. Bini yakchu wngwi ha bugra wngna bagwi, bini sajwlano, Maharajkumar Kirit Bikram Kishore Dev Barmano bisi 1940 o, Jubraja swnamjakha.

Haste Swnam Phirmani

Maharaja Bir Bikram Kishore Manikya bini ba koto, Maharaja Bir Chandra Manikya haikheno haste swnam phirmani bagwi awai tei sini jago. Bini bugra jora wngkha laibumani kwrak jora, tamni hinmale bini joraono Bharat haktorno phiyokna bagwi Bharat haktorni luku rok thansakhe kha duma phunukmani nukjakha, tei aboni hopreng Tripurao bo nukjakha. Bini European haktoro beraimani yakolo, hasteno kwtal khe tisai twlangna bagwi bini kuthuk wansukma nukjakha. Tripura hasteno

phatar hastebai manjuna bagwi bo hasteo lama doi swnamkha. Bisi 1929 o, Railway swnamna bagwi kaisa saklaimani nukjakha, haiphano tabukolo bo saklaimani kok mukthang wnglia. Hasteni kuchuk rwng-swrwngni bagwi, 7 May, 1937 o "Vidhyapattan Scheme" swnam langkha. Bini dagimabai, samungni bagwi kaisa committee bo swnamjakha tei Wainwi Hayung Choba (WW-II) wngmabai, samungno swrapsani bagwi bathakrwi rwjakha. Bini o "Vidhyapattan Scheme" bising dalbidal college romdi, Engineering College, Agriculture college, Art College hairok swnamna nailangmani nukjakha. Maharaja Bir Bikram Kishore Manikya achomsa mwtai chalangma bai, college swnamnani emang mwkthang wnglia. Haiphano, tabuk olo, bisi 1947 o, Maharani, Kanchan Prabha Devi kaisa college swnam langkha, tei swnam baimani yakolo, collegeni bumung "Maharaja Bir Bikram College" rwjakha. Bisi 1939 ni paithakgo, Wainwi Hayung Chobano naisigwi, British haphangni kobokmabai tei thinango naharwi samung khwlainai Maharaja Bir Bikram Kishore Manikya birkhung khola (Airport) swnamkha. Agartalani hamkrai samungni bagwi Nagar Samiti, Agartala Town Hall Improvement Committee, Border Improvement Board hairok songchakha. Abono karwibo, Sakham

Nok (Hospital), Luku Samung Bedek (Public Work Department), Luku Sakham (Public Health) hairokno swnam phir langkha.

Haphangni Kerong Raida Ebakhe Kokchap Swnam Phirmani

Maharaja Bir Bikram Kishore Manikya bisi 1927 o bugra achukthaio achukma yakolono, bo haphangno kwrak tei kuchukkhe tisana bagwi habani raidano swnamphir kha. Puilao, bugra haphangno chubana bagwi kokchap (Council) rok swnam jakha. Kokchap rokni bising tongo Mantrana Sabha ebakhe Advisory Council (1927), Vyavasthapak Sabha ebakhe Legislative Council (1927), Mantri Parishad ebakhe Executive Council (1929), Prasasonik Sanskar Committee (1938), tei Praja Sabha (1939) hairok. Raida rokni bising hinkhe Shasantanta (ত্রিপুরা রাজ্যের শাসনতন্ত্র বা ১৩৫১ ত্রিপুরাব্দের ত্রিপুরা-গভর্নমেন্ট আইন) ebakhe Constitution (1941). Abono karwibo, bo kaisa kamini luku hamkraini bagwibo raida swnamkha. O raida wngkha sak-haphang (self-government), kokmang wngkha, kamini luku rokbai kami naikol jaknai. Aboni bagwi, bini dagimabai "Gramya Mandali" tei "Tripur Kshatriya Samaj" hairok raidabai Mandali (Block ebakhe Taluka) swnamwi bugra haphangni bwkhaktwi luku hamkraini samungni pojano luku rokno yaphar jakha.

European Haktor Tei Hayung Beraimani

Bisi 1930 o, Maharaja Bir Bikram Kishore Manikyani puila European haktoro yapri rwma nukjakha. Bo bugra wngma yakolo, bisi 1930, 1936 tei 1939 o European hakotoro thangwi beraikha. Haiphano bisi 1939 o hinkhe, Wainwi Hayung Choba (Word War -II) chengsai rwmabai, bini European haktor beraima hayung beraimao swlaijak thangkha. Sana thangkhe, Tripura hasteni bugra rokni bising bono puila European haktor hai rogo swkang yapri rwnai bugra. Bini o beraimao, bo hayungni borom tei awai gwnang borok rokbaibo malaikha. Aroni bising tongo Pope Pious XI, King of Italy, Benito Mussolini, Prince of Monaco, King of Belgium, King of England, Queen of England, Prince of Wales, Duke of Cannaught, USA President Franklin Delano Roosevelt, Adolf Hitler, Regent of Hungary tei President Miklas (Austria) harokbai malai phaikha. Bisi 1936 o European haktoro berai phuru, Germany o wngmani Olympic Gamesni puila chengsama salobo manjakha. Bini o beraimao, bo England, United States, Canada, France, Italy, Germany, Belgium, Austria, New Zealand, Australia, Java, Bali, Malaya, Singapore, tei Burma hairok, abono karwibo, dalbidal nangmani thai rogo thangwibo beraikha. Bini o beraimani bwthai paithakgo

Tripura hasteno swnam thani belaino chubakha. Bisi 1939 o, European tei hayung berai phaimani yakolo, bo kaisa bijap swikha. Bijapni bumung wngkha "The Memorandum of World Tour," haiphano o bijapno karijaklia, tabukolo, o bijap bini Private Secretary, Dwijendra Chandra Duttni yago tonjakha.

Bolong Khati Kwlangmani

Agio Kwcham Tipra (tabukni Debbarma), Jamatia, Noatia, Reang tei Halam bosongrok belaino huk khwlaio tei tabukbo baksa khwlaino tongkho. Sajak bosong rokno hathai o Huk khwlai manino yakarwi panthor chuai mai-mwikuthung khwlaina bagwi Maharaja Bir Bikram Kishore Manikyani

swkangni bugra rokbo belaino chaitok langkha. Bo bini jorao, sajak bosong rokni hamkraini thinangno nasigwi belaino wansuk langkha. Bo sajak bosong rokni thinangni mwnak lamano wansugwi bisi 1931 o, 110 Sq. Miles ebakhe 11,000 Drone bolong thai khatikha. Haiphano tabuk olo teisa bisi 1943 o, kaisa sakhlaima bisingtwi bo 1,95,000 Drone ebakhe 1950 Sq. Miles bolong khati kwlangkha. Bini o khati kwlangmani bolong thai o kwcham Tripur (tabukni Debbarma), Jamatia, Noatia, Reang tei Halam bosong simino tongwi tei panthor chuai mai-mwikuthung khwlai manai hwnwi kerong raida swnamwi kwlangkha. Sajak bosongno karwi kubuni bosong o khatijak bolong thai o tongwi tongkhe, bini thai haphangno yapharwi rinani nangnai tei thaini rangmari bono yapharwi rwjaknai. Abono karwibo, kubuni bosong o khatijak thaio tongwi tongkhe, bo o khatijak thaini phataro thai swlai thana nangnai, obono wngkha Maharaja Bir Bikram Kishore Manikya Bahadurni khatijak bolongni kwrak raida.

Bo Khoroksa Birindiani Sengkwrak

Bo sak baithang khoroksa sengkwrak wngmabai, hasteni joto birindia rokno baithangno phurungwi tei twidului bumung awai khai kwlangkha. Bini jorao, bo puila 1st Company swnamkha bisi 1926-27 o tei 2nd Company swnamkha bisi 1928-29 o. Bisi 1929 tei 1932 o hinkhe, 1st tei 2nd Company thansakhe "1st Tripura Bir Bikram Company" hwnwi sinijakha. Tabuk olo, o birindia bodol Wanwi Hayung Choba wngphuru, Arakan tei Burmani bwskango Japan bai choba khwlai, Japanno mechengkha. Bini birindia rokno British India haphang tei South East Asia Command (S.E.A.C.) hairokbai kotor sinimung rwjakha. Bini chwrai phuruni siminino, bono Military Training khwlairwi tubujakha. Bini langmao saktharwi samung khwlaimabai, bono dalbidal medal yapharwi borom rwjakha. Medal yaphar jakmani bising tongo G.B.E. (1947), K.C.S.I. (1935), Burma Star, 1939-1945 Star, M.B.E., M.C., I.O.M., O.B.I., M.M., hairok. Abono karwibo, British haphangni bwkhatwi bono Captain, Major, Lieutenant Colonel tei Colonel hairok borombo rwjakha.

Khoroksa Kokrwbai Swikwrwng

Maharaja Bir Bikram Kishore Manikya bugra wngma karwibo, khoroksa kokrwbai swi kwrwng. Bini jorao swilangmani bijap rok wngkha "Jayabati," "Sri Radha Krishner Lila Bulash," "Holi," "Amar Sonamura O Udaipur Bhibag Paridarshan Diary," "The Memorandum of World Tour," hairok. Abono karwibo, bo bini jora dalbidal

kokbai rwchapmung swlangkha. Bo swi kwlangmani kaisa rwchapmung,

"মধু মাধবী সারং-কাওয়ালী
চমকন লাগে তেরী বিন্দিয়া,
সেইয়া উড়ত অম্বর লালে বাদর,
বিজুরী চমকে তেরী বিন্দিয়া,
সেইয়া ঘটঘন গজরত দফা ডাম্বর,
বরষে বারি পিচকারী রাঙ্গিয়া, সেইয়া।"

Bino jorao, Tripura hasteo "Ravi" tei "Jagaran" hairok swimung bwlai karijakha. Bo khoroksa kokrwbai swinai wngmabai, swikurung Rabindra Nath Tagoreno Bharat haktorni puila kotor borom tei sinimung "Bharat Bhaskar" yapharnai. Khoroksa rwchap tei bijap swi-kwrwng wngmabai, bini jora hasteni rwchapmungbo (national anthem) swilangkha. Tam thanio hinkhe bo Sitar tei Esraj tamna kwrwng.

Lukuni khachuksa Maharaja, Bir Bikram Kishore Manikya Dev Barman, bini samung baino laibumao thaio swnam langkha. Maharaja Bir Bikram Kishore Manikyani laibumani kokno thaisa-thainwi bai sanani belaino kok kuthuk. Bini jorao, haste tei luku hamkraini bagwi samung khwlai langmani kokno saoi se sabaya. Kwthang tong phuru, haste hakraini kwbangma emang nuklangkha. Bo bini hasteno "Mini UK (England) swnam langna hwnwi emang nuk langmani, tabukni Northeast Indian haste rokno Tripurani bising tubuna nai langmani, Bharat haktorbai manju nai langmani, hasteni luku muchungni thinangno naharwi "Constitution" tikhlai langmani, hasteo "Vidhyapattan Scheme" tubui dalbidal college hairok swnamna nailangma nukjakha. Sajak bini muchung ebakhe emang rok joto mwkthang wngtwtwi o kheno bo hayung karwi mwtai chalangkha May 17, 1947 o.

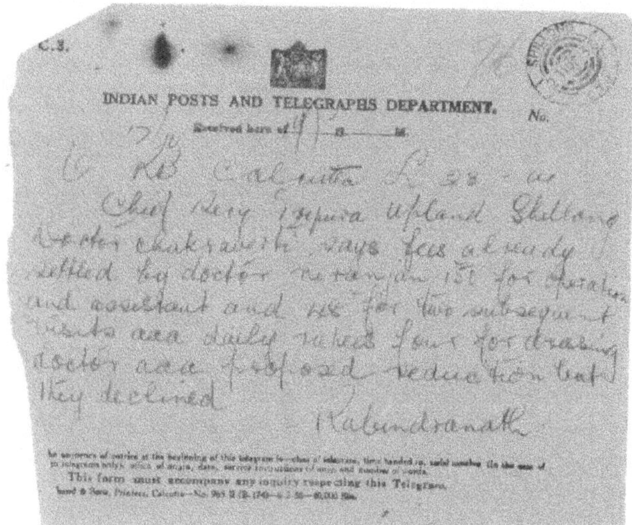

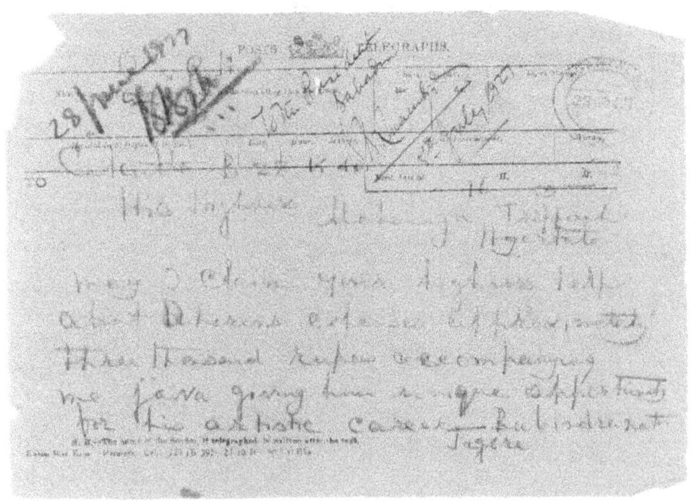

Colonel His Highness Maharaja Bir Bikram Kishore Manikyani paithak bugra Darbar

Maharaja Bir Bikram Kishore Manikya Dev Barman Bahadur bini sajwla okra Jubaraj,
Kirt Bikram Kishore Dev Barman bai

Maharaja Bir Bikram Kishore Manikyani Mantri Parishad ebakhe Executive Council
(Investiture Ceremony)

Rajmata (Maharani) Kanchan Prabha Devi Delhio Sardar Vallabhbhai Patel bai malaina
thangphuruni mangpli

Maharaja Bir Bikram Kishore Manikyani "Rajyabhishek"

"POMP AND SPLENDOR SUCH AS THE NEW WORLD NEVER SEES are in order when a king is installed in India. This shows the new Maharajah of Tripura seated in his howdah of gold and silver just after being invested with the crown."

- *The Billings Gazette dated April 13, 1928.*

Hating ha amani kaisa chikonsa thai wngkha haste "Tripura." Laibumano rwgui naikhe nugu Tripura haste phang, Maharaja Bir Bikram Kishore Manikya Dev Barman Bahadur achaikha August 19, 1908. Bisi 1923 o, bupha Maharaja Birendra Kishore Manikya thwimani yakolo, bo kaisa Rukabaritwi hasteni joto bugrani samung-humung tei Tripurani Zamindarini barja bini sakao bogwi nakha hinui saklaikha. Bo Rukabaritwi saklaimani kokno British haphang (The British Government) yachagwi nakha September 5, 1923. Bisi 1927 o, bini nwichi (20) omor tei British haphangni dagimani bai, bono Western Culture (Salthang haktorni tomung-chamung) baikhe bini Rajyabhishek (kwtal Maharaja chamani tei haani phang wngmani) khwlai jakha. Maharaja Bir Bikram Kishore Manikyani Rajyabhishek phuru, Bengalni Governor tei Lady Jackson bo o kwthar tero manjak phaikha. Tei abono karwibo, European tei India haktorni kotor-kotor naruairok bo phai manjak phaikha. Bini Rajyabhishek phuru, British haphangni raiba (representative) wngui manjak phainai Bengal Governorno bo rangchakni 125 puisa (gold mohor) yapharwi borom rwkha. Kwtharni terni salo, British haphangni bwkhaktwi Bengal Governor Maharaja Bir Bikram Kishore Manikyano muktani bwtang kanrwi rwkha. Maharaja Bir Bikram Kishore Manikyani Rajyabhishek pandao jephuru Bengal Governor bono Singhasano (bugra achukthai) achuk rwphuru sakao wai-chitham (13-gun salute) silai kogwi Guard-of-Honour rwjakha, tei Military bandrok hasteni rwchapmung "State National Anthem" tamlaikha. Aboni yakolo, His Excellency Governor bachaui His Excellency Viceroyni Kharita (saklaimani bwlai) porikha tei aphuru wai-thamchisa (31 guns boomed) silai kogwi borom rwjakha. Kharitao His Excellency Viceroy

Maharaja Bir Bikram Kishore Manikya haste bugra wngmani kha kaham yapharkha, tei bono Tripura hasteni ha bugra hinui saklaikha. Aboni yakolo, Bengal Governorni Chief Secretary bono Maharaja Bir Bikram Kishore Manikyani kwtal bumung saklaikha, "His Highness Bisama-Samara-Bijoyee Mahamahodhaya Radhakrishnapade Pancha Srijukt Sri Sri Sri Sri Sri Maharaja Bir Bikram Kishore Manikya Dev Barman Bahadur." Saklaima olo, Maharaja Bir Bikram Kishore Manikya tei Bengal Governor Sir Jacksonni kok narwk jakha Rajyabhishekni kwthar pandao. Maharaja Bir Bikram Kishore Manikyani o Western tomung-chamung bai Rajyabhishek khwlaimanino mwitw narwkna bagwi Ujjayanta nuyungmani bwskango ebakhe tabukni Tulsibati rwngnokni debrao haplam "Jackson Gate" hwnwi kaisa dogalam swnam jakha.

Bisi 1928 o, Maharaja Bir Bikram Kishore Manikyani teisa Vedic Hindu tongthar bai (as per Shastric) tei Tripurani bugrarokni kwcham raidano twywi bini Rajyabhishek khwlai phirmani laibumao mari tei mwitu toroknai. Bo bugra achuk thaio achukmani ebakhe Rajyabhishekni ter salba sal romwi hodom-dodom khe palai jakha. Kotor-kotor naruai tei lukurok bodol-bodol khe Maharajano singhasano achukmani nainani bagwi hati barsani swkangno bugrakhor

Agartalao phai sokphai baikha. Maharajani Rajyabhishek Hek terno naina bagwi salbai-horbai nainai phainairok aswkhe bangkh, je Agartalani lamarok joto kwpwlung wngbaikha, tei borok bangmani bai Agartalani kwbangkuk thairok joto keseb baikha. Laibumani o kwthar, kwcham tei kotor Rajyabhishek terno nainani bagwi Akhaura Rail Stationo 80,000 ticket paijakha, tei yang kamini Tipra borokrok khe dakti sokphaina bagwi Rajyabhishek terni hati barsa ebakhe barnwini swkangno kamini simi himnani chenglaikha. Maharaja bir Bikram Kishore Manikyani o kwthar Rajyabhishek tero naruai kotor wngui phai manjak phainairok wngkha: Murshidabadni Nawab Bahadur, Kotlani His Highness Raja Saheb, Pratabgarhni Raja, Dholpur hasteni Darbarni raiba, Boromgwnang Nawab Mussruff Hussain, Bengalni Government tei Sir Jagadish Chandra Bose. Rajyabhishek tero borok phainai rokno haino wansugui lekhai naimani aro nukjakha 2,00,000 borokrokni sai kwbangkuk manjak phaikha. Maharaja Bir Bikram Kishore Manikya Bahaduni o kwthar Vedic Hindu tongtharni Rajyabhishek wngkha kaisa Hindu Shastrani raidano twywi achukthaio achukmani, tei o terni raida agini simino Chandravanshi (Talni bosong) bugrarok khwlai phaio.

Rajyabhishek kwthar ter 28 Januaryni phungni simino cheng jakha. Terni kwthar salo Maharaja Bir Bikram Kishore Manikya bini bosongni mwtai chalangnai okra-chakra rokno khuluma yapharkha, tei nukhungni mwtairokno mwtai khaikha. Aboni yakolo, Tripurani joto mwtainok rogo Maharajani bagwi mwtai rwjakha. Bini Rajyabhishek terni salo bo damri (a heifer), rangchak, ruphai hairokno Brahmin tei kwrwi borokrokno bakha. Agartalani mwtainok rogo sonkho tei ghontani khorang baikhe mwchangwi tei nuyungmao bo Maharajani bagwi Vedic mantra bai surijakha. Aboni yakolo, thuruksa bosongrokbo baithangni surimani thai "Masjid" rogo dalbidal surimani raida baikhe Maharaja Bir Bikram Kishore Manikyani bagwi suri laikha.

Aboni yakolo, chengkha Maharaja Bir Bikram Kishore Manikyani kwthar tei kotor Rajyabhishek ter. Puilao, Vedic raida bai Rajyabhishekni salo Chaturdolao Sri Sri Laxmi Narayan Ji mwtai o khulumui Panditrok (mwtai khainairok) mwtaini kok kwthar porina chengkha, tei phangwnang mwtaino hamari rinani bagwi surikha. Maharaja Bir Bikram Kishore Manikya bini o kwthar bugra achuk thaio achukmani salo Singhasani yagrao mwtai kotor Sri Sri Laxminarayanni yakungo khum bokha. Mwtaini yakungo khum bokmani

yakolo, Maharaja kwthar Singhasano khum bokha, mwtai khaibai Brahmin rokno logitwi Singhasano wai-sni gurikha. Bo Singhasano mwtai khuluma yakolo bini nukhungni mwtaino khulumkha, tei Tripura hasteni bugra bosongni kwcham tei kwthar Singhasano achukha. Singhasano achukmani yakolo Maharaja Bir Bikram Kishore Manikyano khum bwtang kan rwjakha, tei Chandan baikhe Raj-Tilak (bugra wngmani mari) kwpalo phulwi rwjakha. Singhasano achukmani raidatwi mwtai khaimani yakolo, bo ongkhorwi Ujjayanta nuyungmani bwskango Chaturdolao kasai kha. Tei tongthok-chathokni himbotok baikhe Maharajano Chaturdolao achukrwi Pandalo twlang jakha. Jephuru Rajyabhishekni pandalo thanani bagwi yapri Chaturdola balnairok sekha, aphuru luku rokno hoja khaina bagwi wai-chitham(13) sakao silai kogjakha. Bini o kwthar Rajyabhishekni salo naithok khe rangchak tei rwphaini ri bai sajwkjak "Ganesh" mayungni naikol phangbai, tei bini phikungo kapidhwaj(Kapi bana ebakhe hanuman flag) twijak khe o himbotok phuru bugra phaimani luku rokno hoja khaikha. Maharaja Bir Bikram Kishore Manikyani o himbotok phuru, Ganeshni(Mayung) twiphangbai charchini(80) sai kubangkuk mayung himlaikha. Aboni ukologo tongo Manipuri Vaishnav dolsa ri kuphur tei kormo pagri sorjak, kirtan rwchaplai Kortal tei Mridongoni khorang baikhe mwsalai bugrani Rajyabhishek himbotokno mwchang rwlaikha. Maharajani chwnwi (12) Chopdar (Maharajani logisong) tei dok (6) bodyguard (baithangni logisong) naithok-thok khe brindiyarokni ri kanjak tei borokni brindiyarokni raidatwi himkha, tei tong bini Aide-de-camp (brindiyarokni kotor sengkrakrok) naithok khe rangchak-richak baikhe sajwkjak Howdah (mayung sakao) achukjak. Aboni yakolo, His Highness Pancha Srijukt Maharaja Bir Bikram Kishore Manikya Bahadur Chaturdolao achukjak.

Kwthar Rajyabhishekni salo ha bugrani mwkhang chwngsajak, mwchangjak tei naithokjak. Bini mwkhang salhai kwchwng tei tal hai kwchang wngjak, aitorma tei athukiri haikhe chwngsajak. Bini o Rajyabhishekni luku himbotokni twira-twira khorang tei lukurokni tisajak kwplai khorang, "Jai Maharaja Manikya Bahadurki Jai (Maharaja Manikya Bahadurji kwplai wngthung)" bugrakhor Agartalani tongkhoro yamorok yachakma khoranghai rokbai khe terno mwchangrwkha. Maharaja Bir Bikram Kishore Manikyani o kwthar tero bini hathaini Sardarrok (Hill Chiefs) tei brindiyarok agini kwcham kanmung-chumung baikhe tero manjak

phaikhe, tei dalbidal agini kwcham bugra bana tei mari twilai bini kwthar salno mwchang rwlai phaikha. Maharajani oh kwthar terno mwchang rwna bagwi bugrakhoro(Agartala) tongnai sajwkrok jogului tei songkho tamui naithok-thok tei khunathok khe lamsokgui rohor laikha.

Maharaja Bir Bikram Kishore Manikya Bahadurni oh kwthar tei kwthang terno nuknairok, manjak phainairok tei himbotok phuru himnairokle joto hamari kwpwlung tei kwpal kahamno. Tamni hinmale, agini jora rogo ha bugra rokni mwkhangno lukurok mwtaini mwkhang nugu, tei aboni bagwino bugra rokno Narendra (Naren = Borok tei Indra = Mwtairokni Bugra) ebakhe mwtai rokni raiba hinjagu. Tripura hasteni Maharaja Bir Bikram Kishore Manikyani Rajyabhishek terni sal laibumao thai swnamwi baithangno kwthang khai kwlangkha. Wansugui naikhe agini sal bai tabukni sal bwswkse pher lai !

His Highness Maharaja Bir Bikram Kishore Manikya Bahadurni Rajyabhisek ter phuru

Tripura Merger Agreement: Maharaja Bir Bikram Kishore Manikyani Emang

Yokjak Tripura hasteni Maharaja, Bir Bikram Kishore Manikya Dev Barman Bahadur thwikha May 17, 1947 o. Bo thwimani yakolo, bini sajwla okra Jubaraj, Kirit Bikram Kishore Dev Barman hasteni bugra tei Chakla Roshnabad Zamindarini haphang wngkha. Maharaja Kirit Bikram Kishore Manikya sikla chasloksa tei omor kasokyani bagwi, British haphangni dagima bisingtwi "Council of Regency" swnamwi haste naikol jakha. Maharaja Bir Bikram Kishore Manikya thwimani yakolono, Tripurao kaisa kirima singsa jwngjal achaikha. Maharaja Bir Bikram Kishore Manikya kwthang tong phuru Bharat haktorbai manjuna bagui bini bukhra, Maharajkumar Brajendra Kishoreno (ebakhe Lalu Kartano) Power of Attorney baikhe Delhi o horkha Bharat haktorni haphangbai kok salaina bagwi. Haiphano, Lalu Karta Culcutta o soguikheno bo teisa Tripura hasteo kiphilwi phaina nangkha tamni hinmale, Maharaja Bir Bikram Kishore Manikyani sak hamyani bagwi. Maharaja Bir Bikram Kishore Manikya kwthang tong phuru bini emangno mukthang swnam malanglia, tei bini emangno mukthang

swnamna bagwi Maharani Kanchan Prabha Devino kha kwrak khwlai bwskango yapri senani salangkha. Maharaja Kirit Bikram Kishore Manikyani jorao, phatar tei bising hasteo sikri-sokro, bono bwtharna naimani, khoksilai tei malairok nuk jakha. Hasteo East Pakistan o Thuruksa rokbai rwkhwlai rohor jaknai Hindu wanjwi rokno Tripura hasteo phaimani bo nukjakha. Tei hasteni bwkhaktwi hinkhe Bir Bikram Tripura Sangha tei Senkrak bodol rok phainai wanjwi Hindu rokno kasona bagwi kwrakkhe naichom jakha. Sylhet, Comilla tei Brahmabari hai rogo Thuruksa rokbai rwkhwlai jakma bai, wanjwi bosong Bharat haktorni dalbidal hasteo haplaikha. Thuruksa rok Sylhet namani yakolo, Tripurano chopropnani hwnwi hoja khwlaikha. Aboni bagwi, Rajmata Delhi o thangwi Sardar Vallabhbhai Patel bai malaikha. Yang hinkhe, Anjuman-Islamia tei Maharajkumar Durjay Kishore Dev Barmanni bayap wngwi yak manjumabai, Tripura hasteni jwngjalni yarwng teibo kuthuk wngkha.

Je salo British haphangbai Bharat phiyok jakha, salnwini bagwi Tripura hasteni habanok rokbo kholob jakha. Bharat haktorni yokma salni olo hinkheno, Tripura haste kaisa kirima singsa jungjalbai kobol jakha. Tripurani ari Comillao Muslim National Guard bai songchajak kaisa bodol tei Agartalani baksa borokni chubachubai, Tripura hasteno choprobnani kokchap jakha. Bharat haktor yokma yakolo, Rajmata Kanchan Prabha Devi Bharat haktorbai manjunani belaino chaitokha, haiphano chaitokmani bwthai manlia. Maharaja Bir Bikram Kishore Manikya kwthang tongphuru Maharani Kanchan Prabha Devino kok thainwino twi hoja khwlai langkha. Puila: bugra nukhungni bodolsa je East Pakistani (tabukni Bangladesh) borok rokbai kwthanai rokno kasona nangnai, tei thaisa kok hinkhe, Tripura hasteni pojano yachakna gosia Central Congressni ojama rokno kasona nangnai. Jungjalni o jora hamya rogo, Rajmata Kanchan Prabha Devi Maharaja Bir Bikram Kishore Manikyani emang Tripura hasteno Bharat haktorbai manjunani kokno Bharatni haphangno choyaoi muitu khwlai rwkha, haiphano mungsa kok phirok jaklia. Arosini, kubuni bugra haste rok hinkhe Bharat haktoro habui thangbai kha. Tripurani bugra nukhungni khoroksa adong, Maharajkumar Durjoy Kishore tei Dewan Rajratna Satyabrat Mukherjee East Pakistanbai yak manju laimani

khokmalai lukurok sibaikha. Hasteni jora hamya o tei thinangno naharwi, Rajmata Kanchan Prabha Devi bini sajwla Maharaja, Kirit Bikram Kishore Manikyano twlangwi Shillongo thangkha. Agartalani khorok brwi: Prabhat Roy, Joy Singh Dev Barma, Prafulla Roy tei Kalu Chand Shillongo thangwi Rajmata Kanchan Prabha Devino hasteni khokmalai tei choprobnani kokno salaikha. Shillongo tong twtwi Rajmata Kanchan Prabha Delhio tongnai haktor haphangno koktun swi horkha. Aphuru rogo, kwbangma Thuruksa rok Muslim Leagueni bana twilaiwi tei chiriklaiwi "Allah Hoo Akbar," "Ladke Lenge Hindustan," "Naraye Taqdir" tei "Pakistan Zindabad" hwnwi salbrumni sarikgo hinkhe Agartala, Udaipur, Sonamura tei kubuni thaini lama rogo ongkhorwi himbotok khwlai laimani nukjakha.

3 November 1947 ni salo Intelligence Agency Pakistani khoksalaini kokno Bharat haktor haphangno sahorkha. 4 Novemberni salo, Jawaharal Nehru Sardar Valabhbhai Patelno kwrak yapri nanani bagui koikha. Aboni yakolo, Assam haphangno Tripurani jwngjalno sokormorwi tei tong kwchang swnamnani bagwi yapri nanani dagijakha. Pakistani haphangno Telegram baikhe hoja khwlai jakha. Paithago hinkhe, Assamni silai twinai

birindiarok phai Tripura hasteno kundri kha phaikha. Obo haikheno Tripura haste Pakistan haphangni yakni yokha. Bisi 1949 o, 9 Septemberni salo "Tripura Merger Agreementni" bisingtwi Tripura haste Bharat haktor o hapnani gosi laijakha. Tripura hasteni haphangno paithakgo Bharat haktorni haphangno yapharwi rwjakha tei Bharat haktor haphangni bwkhaktwi, Ranjit Kumar Roy, I.C.S., hasteni haphangno 15 Octoberni salo yachagwi nakha. Aboni yakolo, Rajmata Kanchan Prabha Devi haste haphangni samungo yak rwlia. Rajmata Kanchan Prabha Devini kha kwrak wngwi samung khwlai langmani hasteni luku rok kha kwchangjak baikha. Maharaja Bir Bikram Kishore Manikya kwthang tongkhe, hasteni o kirima singsa jwngjalbo wngulak khamu. Haste tei Tipra borokni tongmung-chamung buinisai kuchukgo bo wngkhanu. Haiphano bini emang Bharatbai manjunani bini Maharani Kanchan Prabha Devi mukthang swnam langkha. Sana thangkhe, bugrani paithak jorao tei jwngjalni kwrak salo Rajmata Kanchan Prabha Devini kwrak kha bai tei kiria wngui samung khwlai kwlangmani simimung rwi kwlangkha. Luku rokni muchungni phan tei khorang Rajmata Kanchan Prabha Devino Bharat haktorbai manjunani phan rwkha. Abono karwibo, Tipra tei Halam luku rokni thinangnobo swnamwi kwlangkha. Tei Maharaja Bir Bikram Kishore Manikyani baksa emang hinkhe romdi thansa khe yak romwi bwskango him lainani hairokno, hasteni luku rokni sakao phwnwi kwlangkha. Wanswk naikhe belaino kha baimani kok.

Colonel His Highness Maharaja Sir Bir Bikram Kishore Manikyani "1st Tripura Bir Bikram Company"

ত্রিপুরা গেজেট।

আগরতলা।

(বিশেষ সংখ্যা)

অষ্টচত্বারিংশ ভাগ	১৩৫৯ ত্রিপুরাব্দ ; ২৮শে আশ্বিন, শনিবার। (১৫ই অক্টোবর, ১৯৪৯ ইং।)	বিশেষ সংখ্যা।

GOVERNMENT OF TRIPURA.
OFFICE OF THE CHIEF COMMISSIONER, TRIPURA.

NOTIFICATION.

No. 1–P/XIX–1/59.   Agartala, the 15th October, 1949.

Having been appointed Chief Commissioner, Tripura, by the Government of India, I have on the forenoon of this day, the fifteenth October, 1949, taken over, on behalf of the Government of the Dominion of India, the administration of the Tripura State in pursuance of Article I of the Agreement made on the ninth day of September, 1949, between the Governor General of India and His Highness the Maharaja of Tripura.

R. K. Ray,
I. C. S.,
Chief Commissioner,
Tripura.

গভর্ণমেণ্ট অব ত্রিপুরা।
চিফ কমিশনার আফিস, ত্রিপুরা।

নোটিফিকেসান

আগরতলা, ১৫ই অক্টোবর, ১৯৪৯ ইং

নং ১–পি /XIX-1/59.   ভারত গভর্ণমেণ্ট কর্তৃক ত্রিপুরার চিফ কমিশনার নিযুক্ত হইয়া আমি, অদ্য ১৯৪৯ ইং সনের ১৫ই অক্টোবর পুর্ব্বাহ্নে ভারতের গভর্ণর জেনারেল এবং হিজ হাইনেস ত্রিপুরার মহারাজা বাহাদুরের মধ্যে ১৯৪৯ ইং সনের ৯ই সেপ্টেম্বর তারিখে সম্পাদিত চুক্তিনামার (Agreement) ১নং ধারানুযায়ী ভারত ডোমিনিয়ান গভর্ণমেণ্টের পক্ষে ত্রিপুরা রাজ্যের শাসন ভার গ্রহণ করিয়াছি। ইতি

শ্রীরণজিৎকুমার রায়,
আই, সি, এস,
চিফ কমিশনার, ত্রিপুরা।

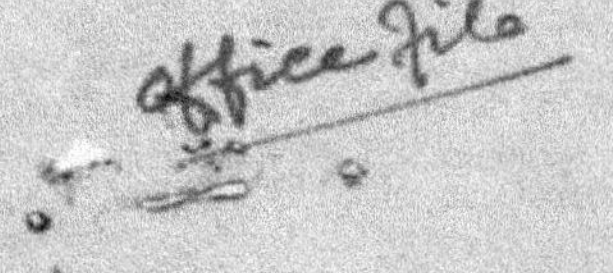

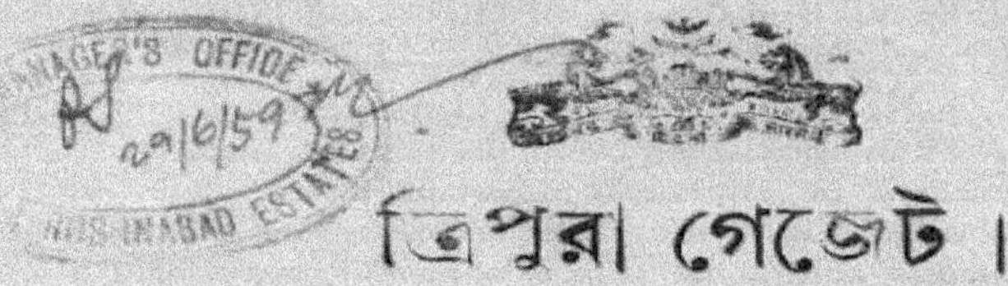

ত্রিপুরা গেজেট।

আগরতলা।

(বিশেষ সংখ্যা)

অষ্টচত্বারিংশ ভাগ।	১৩৫৯ ত্রিপুরাব্দ : ২৮শে আশ্বিন, শনিবার। (১৫ই অক্টোবর, ১৯৪৯ ইং ।)	বিশেষ সংখ্যা।

GOVERNMENT OF TRIPURA.
OFFICE OF THE CHIEF COMMISSIONER, TRIPURA

Dated, the 15th October, 1949.

The following Notification of the Government of India is published for general information.

By order of the Chief Commissioner,

N. L. Dev Barman,
Secretary I,
Government of Tripura.

No. 221–P.
GOVERNMENT OF INDIA
Ministry of States
Dated, New Delhi, the 15th October, 1949.

NOTIFICATION.

WHEREAS the Central Government has full and exclusive authority, jurisdiction and powers for, and in relation to, the governance of the State of Tripura ;

NOW THEREFORE, in exercise of the powers conferred by sections 3 and 4 of the Extra-Provincial Jurisdiction Act, 1947 (XLVII of 1947) and of all other powers enabling it in this behalf, the Central Government is pleased to make the following Order :—

1. **Short title, extent and commencement :—**
   (1) This Order may be called the Tripura (Administration) Order, 1949.
   (2) It extends to the whole of Tripura.
   (3) It shall come into force on the 15th day of October 1949.

2. **Definition :—** In this Order, "Tripura" means the whole of the area which, immediately before the commencement of this Order, is comprised within the State of Tripura.

3. **Appointment of Chief Commissioner :—** There shall be a Chief Commissioner appointed by the Government at the head of the administration of Tripura.

4. Appointment of functionaries :— (1) Subject to the control of the Central Government, the Chief Commissioner may appoint such Judges, Magistrates and other Officers as may be necessary for the administration of Tripura and may, by general or special order, determine their jurisdiction, powers, duties and functions.

(2) Without prejudice to the provisions of sub-paragraph (1), all Judges, Magistrates and other officers who immediately before the commencement of this Order, were exercising lawful functions in Tripura or any part thereof shall, until other provision is made by the Chief Commissioner, continue to exercise their respective functions in the same manner and to the same extent as they were doing before the commencement of this Order.

5. Existing laws to continue :— All laws in force in Tripura or any part thereof immediately before the commencement of this Order shall continue in force until repealed or amended by a competent legislature or authority ;

Provided that all powers exercisable under the said laws by His Highness the Maharaja or the Government of the State shall be exercisable by the Chief Commissioner.

6. Continuance of Existing taxes :— All taxes, duties, cesses or fees which immediately before the commencement of the Order, were being lawfully levied in Tripura or any part thereof shall continue to be levied and applied to the same purposes, until other provision is made by a competent legislature or authority.

M. K. VELLODI.
SECRETARY.

আগরতলা ত্রিপুরা গভর্নমেন্ট প্রেস—প্রিন্টার শ্রীত্রিপুরেশচন্দ্র দাশগুপ্ত কর্ত্তৃক মুদ্রিত এবং চিফ কমিশনার আফিস গেজেট বিভাগ হইতে প্রকাশিত।

OFFICE OF THE CHIEF COMMISSIONER.
REVENUE & GENERAL DEPARTMENT.

Dated, the 15th October, 1949.

NOTIFICATION.

In pursuance of the provision of Sec. 25 of the Negotiable Instrument Act. Sunday shall henceforth be treated as public holiday instead of Wednesday.

By order of the
Chief Commissioner,
S. C. Dutta,
Adviser.
Revenue & General Department.

GOVERNMENT OF TRIPURA
OFFICE OF THE DEWAN.

No. 1201/H/65

Agartala,
13th October, 1949.

NOTIFICATION.

In accordance with the Agreement executed between His Highness the Maharaja Manikya Bahadur of Tripura State and the Government of India in the Ministry of States, the Chakla-Roshnabad Estates situated in the districts of Sylhet, Tippera and Noakhali in Eastern Pakistan will become the absolute private property of His Highness the Maharaja of Tripura with effect from the 15th October, 1949.

R. K. Ray,
I. C. S.,
Dewan, Tripura State.

Maharaja Bir Bikram Kishore Manikyani Paithak "Hasam Bhojan"

Tripura hasteni laibumano cherwi naikhe nugu, agini jorao hasteni birindia rok chobao thanani salsa swkangni horo, thanai birindia rokno bugrani bwkhaktwi mai charimani kok. Tripurani bugra bijap "Sri Rajmala" o swijak nugu, Maharaja Sengthum Fani Maharani, Tripurasundari Gaurni Sultanbai choba khwlaina swkang, hasteni choba khainai birindia rokno mai charwi kha kwchang rwmani kok. Obo haikheno Maharaja Dhanya Manikyani joraobo, Dhanyasagar pukhiri ganao bini birindia tei luku rokno mai charwlangkha. Tripura hasteo agini simino "Hasam Bhojan" ter awai wngwi phaijak, tei obo wngkha kaisa hasteni horo mai charwma panda (State dinner or feast). Sana thangkhe, "Hasam Bhojan" kokthaini kokmang dalbidal tongo. Baksaba sao paiphwlaya mai charimano "Hasam Bhojan" hino, tei baksa kheba, wahan bai mai charwmano ebakhe kwbangma luku rokno mai charwmano "Hasam Bhojan" hino. Kwcham "Rajmala" cherwi naikhe nuguimano "Hasam" kokthai birindia rokno hwnjakmani. Haiphano, obole kubui kokno birindia rokni mai charwmano "Hasam bhojan" hwnjakmani. Tamni hinmale, agio hasteni joto luku rokno haste bugrani birindia tei nang phurukhe hani hamkrai tei katirwna bagwi choba thang laio. O charwma pandao kebono Brahmin, kotor bosong (upper class), kwlwi bosong (lower class) hairok hwnwi khakjakya, tamni hinmale agio Tripura hasteo kebono kotor ebakhe kwlwi bosong hwnwi khakjakya. Jotono thansa tongo, tei thansa chao.

Laibumano cherwi naikhe, Hasam Bhojan ter buphuruni simi chengjakha eba sabo chengsai kwlangkha, sanani belaino kuthuk. Haiphano, o terno kwcham hinmanile kubui kokno. Hasam Bhojan ter bisi brum-brum Osa mwtaini pathak salni (Dashami) horo khwlaijago. O tero, hathaini Sardar rokno, Tipra (tabukni Debbarma, Jamatia, Noatia tei Reang) tei Halam (Agio Halam bosong rokni bising tongo Kalai, Rupini, Hrangkhawl, Kaipeng hairok) luku rokno haste bugrani bwkhaktwi kobok jago. Kobokma kok khwnai, joto hasteni lukurok Agartalao phaina cheng salaio. Hasam Bhojan ter khai thanio, haste bugrani kaisa wanswkma hujak tongo, tei obo wngkha hasteni tong kwchang tei hamkraino twywi. Rajamala o swijak nugu, Osa mwtaini paithak sal "Dhasami" o khe Kuki tei Halam borong rokni chobao nongkhorni sal hwnwi yachakjak eba sinijak, tei o chobao nongkhor manino hinkhe Halamrok "Hakuthum" hino. Hasteni bugra rokni bagwi borokno twi-dului kaisa thaio tubunani belaino kwrak. Obohai kok rokno wansugwi, bugra rok luku hamkrai tei tong kwchangno narwkna bagwi, Hasam Bhojan hai ter songchakha. Hasam Bhojan ter phuru, hasteni hathaio

tongnai lukurok Osa mwtai terni hati barsani swkangno Agartalao sok phainani chenglaio. Hakchalo tongnai luku rok hinkhe hati barsa-barnwini swkangno kamini himna chenglaio. Agini jora rogo, haste bugrani o tero joto bosongni Sardar rok phai manjakni raida tongo, tei phaya Sardar rokno bugrani bwkhaktwi kwrak majra rwjago. Bo bosongni Sardar phai-phaya, joto bugrani birindia naikolnai bedek rokbai naichom jago. Tabuk olni bugra rokni jorani simikhe hathaini Sardar rok phai manya phano majra berjakya. Bugrabai kobok jakmani kok belaino kotor, aboni aboni bagwino Sardar tei luku rok kha tongthok laiwi baithangni bugrano naitwi tei pandao manjaknani phailaio. Bisi brum-brum kwbang tei dal-bidal hodani luku rok phai Hasam Bhojano manjak phaio. Hasam Bhojan phuru, hathaini Sardar chongjak rok, Tipra, Kuki tei Halam lukurok dal-bidal manwi romdi Mwsa-Mwswi bukur, Mayung-wakbolong bua, bolongni naithok-naithok tok tei tok bwkrang, Mwswi-Mosok bokorong, hukni mai, khul, mwikwthung hairok Nazar (bugrano nainani) phuru bugrano yaphar phaio. Nazarni yakolo hinkhe, haste bugrani bwkhaktwi ri, rang, puisa, manwi-khwnwi harokbai luku rokno borom rwjago. Haste tei luku hamkraini bagwi samung khwlainai Sardar rokno hinkhe bugra borom rwjago.

Hasam Bhojam ter phuru bo hoda tamo samung khwlainai, puilani simi joto samung berjak. Halam bosongno o terni kotor tei bugra hwnwi khoroksa Halam Sardarno chongwi rwjago. Chongjaknai Halam Sardarno "Wakma Raja" hinjago. Chamung terni puila mai-mui songmani yakolo, Damama tamwi luku rokno ringjago. Hasam Bhojan tero, swkang Wakma Raja chanani nangnai, tei bo chamani yakolo se haste bugra tei luku rok mai chanani chensa jago. Bini sai swkang mai chanani eba nungnani kebono rwjakya. Sakani kokbwtango "Wakma Raja" hwnwi samani kok mwtai chalangnai tei Mohonta Arjun Debbarma[1] sai kwlangmani kok. Bo bisi 1946 o, Maharaja Bir Bikram Kishore Manikyani paithak Hasam Bhojan Agartalao bo manjakha. Bisi 1946 o, Osa mwtai khibimani horo wnglia Hasam Bhojan, tei teini phungose wngsio. Maharaja Bir Bikram Kishore Manikya bini Tipra tei Halam luku rokno Durga Bari bwskangni (tabukni Children park) panthoro mai charwkha. Mai chanani

____

[1] Kami wngkha Ram Mohan Pujari Para. Bini bwta wngkha agio Maharaja Bir Bikram Kishore Manikyani bodyguard tei 1st Bir Bikram Companyni birindia. Tei jephuru 1st Bir Bikram Company swbai rwjakha, aphuru kheno bwtano habani lela rwjakha (retired).

bagwi hani mairang, hani malasa tei hani glass rwjakha. Sajagwi phaimani Wakma Raja wngkha pandani okra tei bo khugo maya daya sak, ha bugrabo mai chaimanya, obo wngkha terni kwrak raida. Bono mai charwna bagwi, luku bono ma lobu tei mai khopsa-twi khopsa charwna naio. Waisa bono charwi mankheno, panda baikha tei luku rokbo chai mankha. Hasam Bhojan pandao dalbidal mwi da tong eba kwrwi sanani belaino kuthuk, tamni hinmale bisi 1946 phuru luku rokno wahan bai simi mai charwkha Maharaja Bir Bikram Kishore Manikya Bahadur. Panda phuru luku rokno kha kwchang rwna bagwi, mai bai baksa lungi tei chuak-arakbo rwjago. Luku rokno haste bugra kha swrangrwi tongthok-chathothok khe terno mwchang rio. Aboni yakolo sarigo hinkheno, nuyungmao bugrani Mantri roknotwi Raj Darbar khwlaijago. Aphuru hinkhe bugra hathaini Sardar rokbai luku hamkrai, nukhung hamkrai, sak hamkrai, mai-khul kainani koklam, huk chanani koklam, tei tongwi chai thanani hairok dal-bidal koklamno cherwi salaijago. Agartalao tongwi bugra tei bini nukhung borokrok hathaio tongnai luku rokni kaham-hamya bisio waisa haikheno sailai o. Tamni hinmale, hasteni bugrani bagwi hasteni joto thaio thangwi nainani belaino kuthuk. Hathaio mungsaswk bejua wngwi tongkhe, aborokno

Darbarni koklamni bising twino kok choi rwjago. Sana thangkhe, Hasam Bhojan wngkha kaisa haste bugra tei lukurok bisio waisa malaimani panda. Haikheno Maharaja Bir Bikram Kishore Manikyani paithak Hasam Bhojan khwlai kwlangkha, tamni hinmale 17 May, 1947 o kheno bo hayung yakarwi mwtai chalangkha. Aboni yakolo bo bisi jora Agartalao ebakhe nuyungmao Hasam Bhojanni panda khwlai jakha sanani kok kuthuk.

Maharaja Bir Bikram Kishore Manikya Bahadurni swnamna hwnwi wansuk langmani "Sreepur Palace"

Khorokbrwi Bugra tonglangmani "Ujjayanta Nuyungma" swnam jakha bisi 1901 CE o

It is requested that in any further
communication on this subject, the
above number may be quoted, and
the letter addressed to—
" The Commander-in-Chief in India,
Gen. Army Headquarters,
India."

General
Army Headquarters, India.

New Delhi, 23ʳᵈ Nov. 1945 .

Dear Maharaja Sahib.

It is with great pleasure that I write to inform
Your Highness that you have qualified for the Burma Star.

A claim for the decoration, which is necessary in
accordance with the prescribed rules, has been prepared by
General Headquarters, India, and will be held on record here
until such time as the actual STAR is available for issue.
This, however, will not be for a considerable time. In the
meantime, Your Highness may wear the ribbon pertaining to
the decoration, a short length of which I enclose in case
you have difficulty in obtaining it.

I am sorry it has taken so long to authorise this
award, but assure you that this was unavoidable.

Yours sincerely

Maj. His Highness Maharaja
    Sir Bir Bikram Kishore Dev Varman Bahadur, K.C.S.I.,
        Maharaja of Tripura.

Maharaja Bir Bikram Kishore Manikyani Langmani Salbrum Sal

Yokjak Tripura hasteni His Highness Maharaja Sir Bir Bikram Kishore Manikya Dev Barman Bahadurni langmani kokno sanani thaisa-thainwi kokthai bai sabaya. Bo achaikha 19 August, 1908 tei hayung yakarwi thangkha 17 May, 1947. Kwthang tongphuru kwbangma luku tei haste hamkraini samung khwlai langkha, haiphano bo achomsa thwima bai bini emangno mukthang swnamwi malanglia. Maharaja Bir Bikram Kishore Manikyani langmani salbrum sal rokni tongmung rokno sinani belaino kha swrango. Khoroksa lelaya karwi samung khwlainai, bo bini swrapsa jorano bo joto nangmani samungo phwnango, tei swrapsa jorano phano nangya samung o khibia. Sana thangkhe, bo phungo daktino bachao tei belaino bini samungo kubui. Phungo dakti bachamani yak olo, bo sengkrak khor o thango tei birindia rokno phwrwngwi o. Phungni dam chuku (9:00 PM) tamphuru, bo kiphilwi phaio nuyungmao, tei dakti tukui phungni mai chao. Aboni yak olo, bo salbrum-brumno dipor khekdrobo ebakhe dam chisa tamphuru Darbar nogo thango. Hasteni Darbar haba o, bono naisingwi kwbangma kuthuk samungni bwlairok

bini kok phirokma naising tongo. Bo haba nokni nangmani bwlai rokno kahamkhe cherwi tei poriui, mwnwi-mwnwi joto jwngjalni kok rokno bini haba nokni borok rokno bini dagima tei wansukma sao. Bugra Darbarni haba o kwdwkma samung khwlaima yak olo, bo bini baithangni habani tangsong rokbai thangwi cha nwngwi o. Aboni yak olo, sarikgo hinkhe bo malkhung kai twrwk-twrwk khe Agartala tei Agartalani gana-gini lama rokno berai nai o. Bo baithang saktharma bai, salbrum-brum sarikgo hinkhe nangmani samungno naina bagwi nongkhoro. Waisa-wuisu hinkhe bo malkhungni nongkhorwi kwtal nok ebakhe lama swnam tongmani rokno berai nai o, tei swnamma rokno nugui nangmani swngmung rokno swngo. Swkangni sarikgo berai naiphuru nukma rokno, hasteni Engineer rokno teini salni phungo ringwi chaya rokno twi koksalai o. Sarikgo berai phaimani yak olo, bono bini kokrwbaini samungo achukgo. Laithangjak bugra rok haino, bo kokrwbai swithani bini muchungma tei manphan tongo. Bo koklop tei kothoma swikwrwng. Abono karwibo, baksa kokmwsamung swithanio boh, bini manphan tongo. Bini laibumani kokmwsamung "Joyabati" belaino sinimung mankha jephuru Agartalani mwsakholao phunukjak phuru, tei joto borok rokbaino lobwi borom rwjakha. Bo swimani baksa koklop tei rwchapmung rok Tipra (Kokborok) tei Bangla kokthai bai swijak kha, phiyaba bini chakra Maharaja Bir Chandra Manikya hai, bini swimung rokni bising baksa bijap swnamwi tikhalai jakha. Bini jorao, bini tei kaisa kotor swimung wngkha "Tripura State Anthem (Tripura Hasteni Rwchapmung)." Bo swi kwlangmani hasteni rwchapmung wngkha kokborok eba Tipra kokthai bai, haiphano jorabai baksa o rwchapmung kwmawi laibuma wngwi thangkha.

Bo khoroksa kokrwbai swinai wngwi, bini jorao bo bosongni laibuma kwcham bijap "Sri Rajmala" no komthing langkha. Aboni bagwi, bo "Sri Rajmala" komthingma bedek no swkagwi bini baithangni tangphangni naikolma o yapharkha. Bini muchung tei chubachu bai, talthamo kangsa karijaknai swimung bwlai "Ravi" karijakha, tei talbrumo kangsa karijaknai swimung "Jagaran" bo karijakha. Bo kubuni swikwrwng tei swimung bwlai rokno karina bagwibo chuba o. Kubuni Bharat haktorni ha naikolphang ebakhe bugra haikheno, bobo joto koktun bwlai rokno kahamkhe nai o, tei joto koktun swinai

khorok-khoroksa rokno, bo kok phirogwi swi horo. Aboni bagwi, bo kaisa "Regular Register" tono bini baithangni haba nokgo. Maharaja Bir Bikram Kishore Manikyani baithangni joto koktun jephuru Agartala Post Office o sokphai o, aphuru kheno Post Master kaisa solao khe daoi bono rohor o, tei rohor jakmani solano bo baithangno khulugo o. Bo salbrum-brumno saichung tongphuru hinkhe bini borok rokni hamkraini bagwi wansugu. Bo joto borokrokni bagwi tongo, kebono kosom-kuphur hwnwi khakya. Kha kuphur tei kwsrang baikhe, bo bini luku rokni jwngjalno khwnao. Luku rokni hamya-chayani jora o bo, bo chubachu khwlaina bagwi bini yak swkangno pholokjak. Hasteni haba nokni haba paijak chakra borok rokbai tongkhamani halok tongo, tei haba kwmanai borok rokno thwiya sakni bagwi rang rwi nukhung tisai twlangna bagwi chubachu khwlai o.

Maharaja Bir Bikram Kishore Manikya wngkha lukubai kwthanai, tong kwchang tei joto baino tong kwrwng. Bo kokbo sana kwrwng tei buini sai kok samanibo juda. Bini tong kwchang tongmungni bagwi, jephuru nang mani kok bini Darbarni borok rokbai salai o, aphuru thamchi phunukyaoi mwnwi-mwnwino jwngjalni kokno sukrubui salai o. Bini ro phai koi phainai rok khoroksa phano yak bukcha wngwi phirokya khu, tumung bini sanmano manya phano. Joto luku rok biniro chubachu sanna bagwi phainai rokni swlai phano, bo bohrokno chubana bagwi bohrokni swlai phano swkang. Bini langmani tongmung-chamung rokno thaisa-thainwi kokbai bini kokno sabaiya. Bo wngkha Tripura hasteni luku rokni khachuksa ha bugra. Bini mukumu tei emang luku rokni thinango lama phunuknai. Bo teisa kwthang tongkhe, Tripura hasteni laibuma tinini hai kosom chumui koboljak wngwlak khamu. Haiphano, sakao tongwi borok rokni talikha swinai mwtai rok bini omor aswk kheno painai hwnwi swi hormano, hatingo tongnai borok o kubuino yachagwi nanani nangsinsai.

Maharaja Bir Bikram Kishore Manikya kamio thangwi luku rokbai malaimani

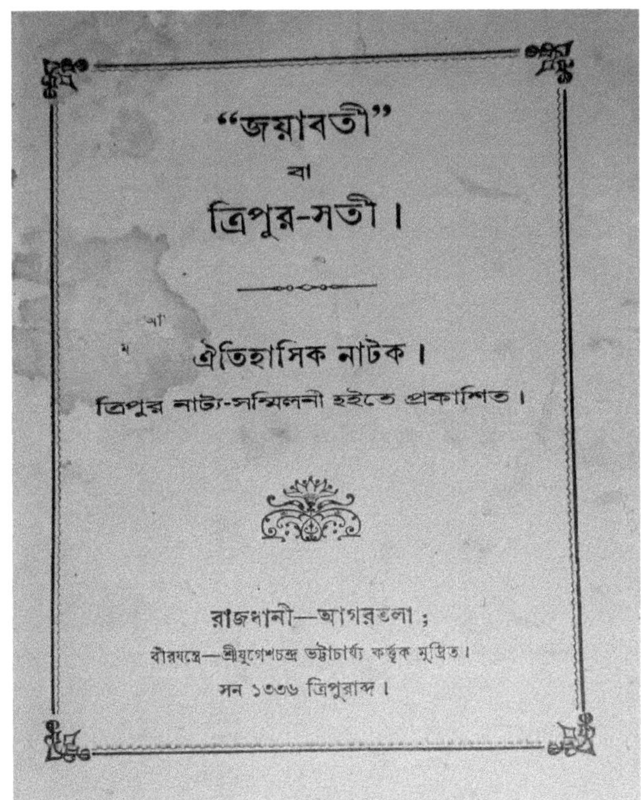

Maharaja Bir Bikram Kishore Manikya swilangmani "Jayabati ba Tripur Sati"

Maharaja Bir Bikram Kishore Manikyani medal "The Burma Star"

His Highness Maharaja Bir Bikram
Kishore Manikyano bisi 1946 o, British
haphangni bwkhaktwi kuchuk tei kotor
sokat rwjakmani "A Most Excellent
Order of the British Empire; Knight
Grand Cross (G.B.E)."

<u>Tripura Hasteni Bana tei Rwchapmung</u>

Tripura haste wngkha kaisa yokjak haste bisi 1949 jora tei tabuk Bharat haktorni kaisa haste. Sultan eba Mughal rokni jorani simi paithakgo, British haphangni jorao boh, Tripura kaisa yokjak haste wngwi laibumao bathangni thai swnam langkha. O haste wngkha Bharat haktorni kwcham haste rokni bising kaisa kwcham haste hwnwi sinijago. Sana thangkhe, agini simi tabuk jora, hayungni joto yokjak haktor ebakhe hasteni kaisa chwngsajak laibumani sinimung mari tongo. Sinimung mari rokni bising tongo bana, rwchangmung, puisa takrwmani[2], mal-mata, hairok. Abo haino, Tripura hasteo jephuru bugra haphang tongphuru, hasteni ari, bana, rwchapmung, bijap, hairok tongo. O kokno twiwi, Maharaja Bir Bikram Kishore Manikyani jorao bo kari langmani Tripura hasteni kwcham bana (Tripura State Flag) tei rwchapmungno (Tripura State National Anthem) twiwi kaisa kokkhal swijakha.

<u>Tripura Hasteni Bana (Tripura State Flag)</u>

Tripura hasteni laibumao juda juda banano hasteni mari swnamwi twilai

---

[2] Choba kwplai ebakhe bugra wngmani salno muitu narwkna bagwi, ruphai ebakhe rangchak (Muhor) puisa tak rwjakgo.

mani agini kwcham bugra bijap "Sri Rajmala" o swijakmano. Twilamni bana rokni bising tongo Kapidhvaj, Svet Pataka, Trishul Dvaj, Chandra Dvaj, Min Manav, Panja, Tambulpatra, hairok. O bana rokno Tripurani bugrani Singhasani yagra eba debra tei nuyungmani haplam o twijago. Agini jorao, haste bugra choba khwlaina thang phuru, juda juda bana twlangmani kokbo laibumao swijakmano. Sajak bana rokno bugra tei birindia bedek simino twinani chugu. Haiphano, luku rok sajak bana rokno twina bagwi bugra haphangni bwkhaktwi gosimung rwjak kwrwi. Jora bai baksa hayungni tongmung swlai jakma yak olo, sajak bana rokno nuyungmao simi twilai jak kha. Laithangjak jorao nugui mankha, Maharaja Bir Chandra Manikyani jorao, bo kaisa hasteni bana swnamwi yaphar British haphangbai yaphar jakha. Bo yaphar jakmani bana haphangni samungo twih samung khwlaina bagwi yapharjak kha. Haiphano tabuk olo, Maharaja Bir Bikram Kishore Manikyani jorao, hasteni bagwi kaisa kwtal bana swnamwi karikha bisi 1931 o. Hasteni luku rokni bagwi kaisa bana samungo phwnangna bagwi, kaisa dagima bwlaitwi saklaijakha, salmari 13 Bhadra, 1341 Tring o. Sathai kwlaio, Tripura hasteo luku rokni bagwi kaisa phano bana kwrwi agini simino. Haste tei luku hamkraini thinangno naharwi, Maharaja Bir Bikram Kishore Manikya bini jorao kaisa kwtal khe bana swnamwi luku rokno yapharkha. Yaphar jakmani banano hasteni kuchuk tei kotor borom rwnani bagwi boh bugra haphangni bwkhaktwi kok pirjakha. Yaphar jakmani bana bwswk warnai, bwswk loknai tei tamo gapbai swnam jaknai, joto cherwi saklaikha salmari 13 Bhadra, 1341 Tringni Memo No. 48 o. Bini kwtal bana tham gapbai swnam jakha. Gaprok wngkha kormo eba rangchakni gap, kuphur eba ruphaini gap tei kwchak. Banani yagrao hinkhe kwchak, debrao hinkhe kormo eba rangchakni gap tei kwcharo hinkhe kiting arini bising kuphur eba ruphaini gap. Maharaja Bir Bikram Kishore Manikyani achaima sal 20 Bhadra, 1341 Tringni salo, kwtal banano hasteni luku rokno yaphar phuru bini kok narwkmani:

“ সমবেত ভদ্রমণ্ডলী,

সকলেই জানেন যে, জাতীয় উন্নতির সহিত পাতাকার সম্বন্ধ অতি ঘনিষ্ঠ। ইতিপূর্ব্বে সর্ব্বসাধারণের ব্যবহারের জন্য এই রাজ্যে কোন জাতীয় পতাকা প্রচলিত ছিল না, কেবল মাত্র রাজকীয় পতাকা ও বিভিন্ন সেনাদলের মধ্যে ভিন্ন ভিন্ন পাতাকা ব্যবহৃত হইত, তাহা শ্রীযুত কালীপ্রসন্ন বিদ্যাভূষণ বিস্তারিত ভাবে বলিয়াছেন।

অধুনা এই রাজ্যের জন্ম একটি জাতীয় পতাকার প্রয়োজনীয়তা সকলের মনে উদিত হইয়াছে। প্রজা সাধারণের এই আগ্রহ পূরণ করিবার মানসে এই নব-পতাকার উদ্ভাবনা।

নব জাতীয় পতাকা সম্বন্ধে শাসনের শ্রীযুত দেওয়ান বাহাদুর যাহা বলিলেন, তাহা হইতে পতাকার বর্ণ সন্নিবেশের কারণ উপলব্ধি হইবে। এই নব পাতাকা অদ্য হইতে ত্রিপুরবাসী সকলের জাতীয় পতাকা বলিয়া গণ্য হইবে এবং সকলেই ইহা সর্ব্বতোভাবে ব্যবহার করিতে পারিবে।

ভগবানের নিকট প্রার্থনা করি, এই অভিনব জাতীয় পতাকা সর্ব্বদা জয়যুক্ত হউক।”

Maharaja Bir Bikram Kishore Manikya o banano karima yak olo, juda juda bosongni Sardar, Rai, Chowdhury, Hoda okra, hai rokno yapharkha. Tabuk phano, bosongni mwtai rwmani ter eba salo, mwtai khwlainai bosongni luku rok o kwcham bugra banano kai lai o. Tamni hwnmale, o bana wngkha kaisa hasteni kwthar, kwthang tei kubui laibumani kaisa mari.

Tripura Hasteni Rwchapmung (Tripura National Anthem)

Hatingni kubuni haktor ebakhe yokjak haste haino, Tripura hasteobo, bugra haphang tong phuru, haste rwchapmung (Tripura State Anthem) tongo. O rwchapmung wngkha kaisa hasteni borom tei birindia bodolrok bai tamjago. Hasteni joto haphangni nangmani

Darbar tei pandarok, hasteni rwchapmung tamwino chengsa jago. Tripura hasteo buphuruni simi haste rwchapmungno samungo phwnang jakha tei agio sabo swikha, sanani belaino kuthuk. Maharaja Bir Bikram Kishore Manikyani jorao, bo hasteni bana kwtal luku rokni bagwi swnama haikheno, hasteni rwchapmungno bo sak baithang kwtalkhe swi karikha. Bo swina swkang, hasteni birindia tamnai bodolrok Maharajkumar Mahendra Chandra Deb Barma Bahadur swilangmani rwchapmung bwthaino (musical note) tamlaio. Maharaja Bir Bikram Kishore Manikya swi langmani hasteni rwchapmung wngkha Tipra kok bai swijak. Bo swimani o rwchapmung Darbar chengsana swkango tamjago. Bisi kwtalni Darbar phuru, Vijaya Dashami phuru tei achaima sal phuru rogo, birindia tamnai bodol rokbai o rwchapmung tamjago. Oro kaisa kok nangkukmani sathai kwlaio, Maharaja Bir Bikram Kishore Manikya swilangmani hasteni rwchapmung hinkhe kokthai gwnang, tei bini sai swkang Maharajkumar Mahendra Chandra Deb Barma Bahadur swilangmani hinkhe rwchapmungni kok bwthai (musical note) simise. Samani kokrok hasteni "Tripura State Gazette" o bini jora o sakhlaijakha. Bisi kolokma romwi naitukma yakolo bo, bo swi kwlangmani Tipra kokbai hasteni rwchapmungno naituk manlia. Swi kwlangmani rwchapmung, bo bai baksano laibumani bwlaio baithangni thai swnamwi kwlangkha.

Tripura Anthem

By Late Maharaj Kumar Mahendra

Chandra Deb Barma Bahadur

Moderato

Piano

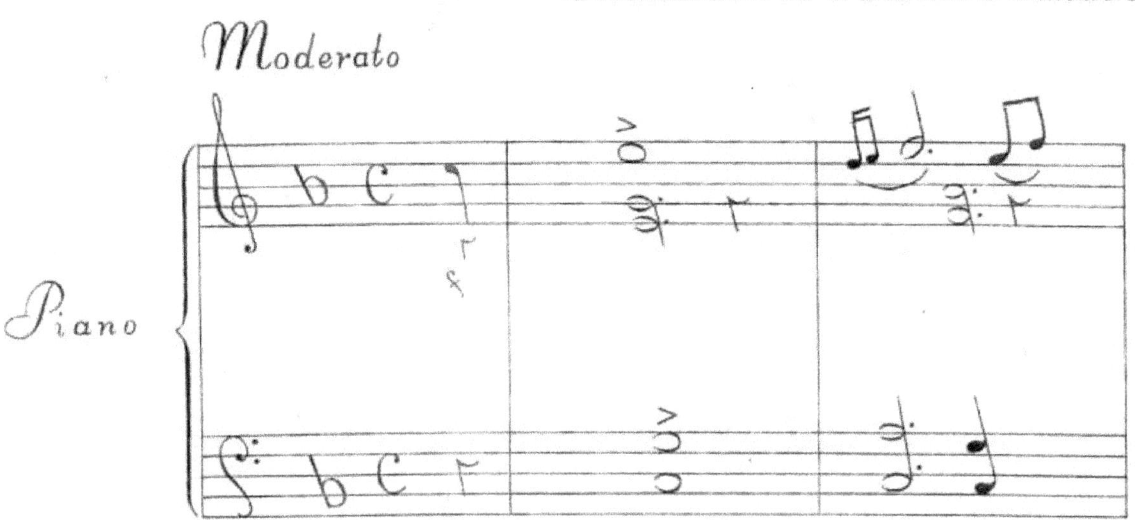

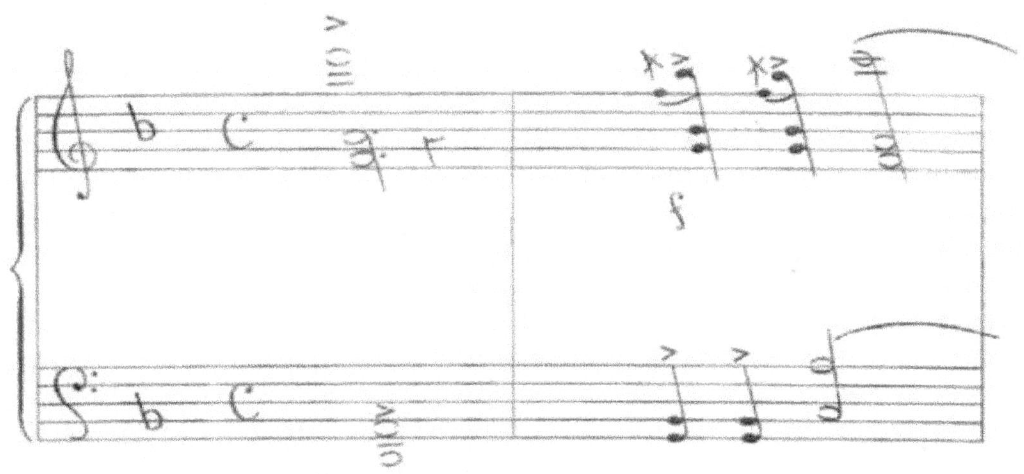

ভারত গভর্ণমেন্ট কর্তৃক ত্রিপুরা রাজ্যের শাসনভার গ্রহণ উপলক্ষে ত্রিপুরার প্রজারন্দের উদ্দেশো শ্রীশ্রীমতী রিজেন্ট মাতা মহারাণী মহাদেবীর বাণী।

আমার প্রিয় প্রজারন্দ:

এই সুপ্রাচীন ত্রিপুরা রাজ্যের শাসন ও সংরক্ষনের সম্পূর্ণ ভার শ্রীশ্রীমান মহারাজ মাণিক্য বাহাদুর বর্তমানে অপ্রাপ্ত বয়স্ক বিধায় তৎপক্ষে আমিই আজ ভারতীয় যুক্তরাষ্ট্রের কেন্দ্রীয় শাসনতন্ত্রের হস্তে সমর্পন করিয়া দিলাম। ত্রিপুরা রাজ্যের এবং ত্রিপুরার, আদিবাসিগনের ভবিষ্যৎ প্রগতি এবং প্রকৃত মঙ্গল সম্বন্ধে, সম্যক বিবেচনা করিয়াই আমি এই অভিনব ঐতিহাসিক পরিবর্তনে সংশ্লিষ্ট হইয়াছি, আশা করি আপনারা আমার এই গুরুত্বপূর্ণ সিদ্ধান্তের উদ্দেশ্য সম্যক উপলব্ধি করিয়া সমর্থন করিবেন।

ত্রিপুরার ইতিহাস অতীত গৌরবে সমুজ্জ্বল। আমার দৃঢ় বিশ্বাস, আপনারা ত্রিপুরার সেই গৌরব ভবিষ্যতেও অম্লান রাখিতে পারিবেন। ত্রিপুরা আজ ভারতীয় যুক্তরাষ্ট্রের এক অবিচ্ছেদ্য অংশে পরিণত হইল। এখন হইতে স্বাধীন ভারতের নাগরিকরূপে ত্রিপুরার তথা ভারতের সর্বাঙ্গীন উন্নতি সাধন আপনাদের লক্ষ্য হইবে। ভবিষ্যতে ভারতের সংগঠনে আপনাদের অবদান নগন্য হইবে না এবং স্বীয় কর্ত্তব্য সুষ্ঠুরূপে পালন করিয়া অদূর ভবিষ্যতে আপনারাও বৃহত্তর সমৃদ্ধির উত্তরাধিকারী হইবেন, ইহাই আমার একান্ত বিশ্বাস।

শ্রীশ্রীমান মহারাজ মাণিক্য বাহাছে র এবং আমার প্রতি আপনারা এ যাবত যে আনুগত্য প্রদর্শন করিয়াছেন তজ্জন্য আমরা সুখী ও কৃতজ্ঞ। আশা করি ভারতীয় যুক্তরাষ্ট্রের প্রতিও অনুরূপ আনুগত্য প্রদর্শন করিতে আপনারা পরাঙ্মুখ হইবেন না। ত্রিপুরার শাসন ও সংরক্ষণ ব্যবস্থার সহিত সংযোগ রহিত হইলেও ত্রিপুরাবাসিগনের সর্বাঙ্গীন শ্রীবৃদ্ধি সর্বদাই আমাদের একান্ত কাম্য থাকিবে। কল্যাণময় পরমেশ্বর আপনাদের সহায় হউন, ইতি।

আগরতলা,
১৫ই অক্টোবর,
১৯৪৯ ই.।

K. P. Devi

**GOVERNMENT HOUSE
SHILLONG.**

MESSAGE OF HIS EXCELLENCY SHRI SRI PRAKASA, GOVERNOR OF ASSAM, ON THE OCCASION OF THE TAKING OVER OF THE TRIPURA STATE BY THE GOVERNMENT OF INDIA (OCTOBER 15, 1949).

On this solemn and auspicious occasion when the great and historic State of Tripura is joining its fortunes with the rest of the land in indissoluble bonds of amity and unity, I venture to send to the Ruling House and to the people of the State, all of whom have ever combined to keep aloft the honour and the dignity of their traditions, my heartiest greetings and best wishes for peace and prosperity. It has been my rare privilege to be associated with you on behalf of the Ministry of States of the Government of India, since I was called to my present office last February ; and I shall always cherish with deep gratitude the happy memory of these many days. I have had also the great pleasure and honour of coming in close touch with your distinguished Ruler, Her Highness the Maharani Regent ; and I know how very deeply she feels for her people and how her heart is full of affection for them. I have had occasion to note over and over again how selflessly she devotes herself to the well-being of the people of her State and how hard she has worked to fulfil her duties as its head.

Today, the Government of India are taking upon themselves the burden of responsibility for the welfare and the progress of the people of the Tripura State. Their responsibilities are heavy enough in all conscience ; and they look forward with every confidence for all co-operation and assistance from the members of the ruling family and the people of the State, in fulfilling the tasks that will be theirs from now. As the Central Government takes over the States of Manipur and Tripura, that mighty edifice is completed, fulfilling the dream of ages, of the consolidation and unification of the land, the foundation-stone of which was well and truly laid two years ago when the illustrious and far-famed Princes of our great land signed the Instruments of Accession on the attainment of our country's Freedom.

The problems of Government—as of life generally—are always difficult to resolve ; and in the peculiar position of Tripura, its problems are many and varied. These, however, have to be faced ; and like men, we must and will face them. One of your most urgent needs is the establishment of communications with the rest of the land, of which it forms an integral part. I understand that a daily air service has been operating for several months between Calcutta, Agartala and Gauhati ; and we are hoping most earnestly that a new road-link will, before long, connect the State with the Indian Dominion through the Province of Assam. The bonds of Tripura with the rest of the land have always been strong ; and I remember, as a boy, the visit to the old Central Hindu College at Benares—the nucleus of the Hindu University—where I was then studying, of the then Maharaja of Tripura, and the ready assistances he gave to the struggling institution. The achievements of the House of Tripura in the domain of art, literature and architecture are a heritage of which we have all reason to be proud. The opening up of regular communications by land and air will further strengthen the bonds, uniting this State on our eastern frontier with all the States and Provinces that form the body politic of our great land. Never again must we let go the unity that we forge to-day ; and in joy and in sorrow, we must be one for evermore.

I should like to pay my tribute of respect and admiration to your Ruler who has indeed played a glorious role in the difficult times through which we have been passing. Her Highness' deep understanding of the situation ; her fervent patriotism ; and her love for her own people, have greatly and effectively helped in the consummation of this great day. She never thought of herself but always of her people and the responsibility that is hers towards His Highness the Maharaja who is her minor son and in her charge. Her Highness, I know, pondered most deeply and most earnestly over what was in the best interests of her people and her family ; and when she was assured that what was being done would help in ensuring the welfare of the citizens of her State and enhance the glory of her House, she agreed— gladly and readily—to the implementing of the arrangements proposed for the future governance of Tripura. Hers indeed was a great and worthy act, consonant fully with her innate nobility and grace ; and her officers and her people alike, have every reason to offer to her the sincere gratitude of their hearts.

It is a matter of deep regret to me that I am unable to be with you on this historic occasion. I need hardly assure you that I shall always feel honoured to be associated with your State, and it will always give me joy to be of any service to you in any capacity that I can. We have to-day to keep always in front of us the great ideal that Mahatma Gandhi, the Father of our Nation, has placed before us ; and always strive our utmost to fulfil the great vision of his, of an India happy and

LADY MARGARET HOSPITAL,
DODDINGTON, KENT.

30th June, 1928.

CS/JO

Your Highness,

    I have the pleasure to enclose for your Highness' acceptance a copy of the report of the Lady Margaret Hospital.

    From this your Highness will see that the foundation of the hospital is in entire accord with the Hindu principle which is the birthright of so many thousands of your Highness' subjects.

    Under the circumstances my Council would esteem it an honour to add your Highness' name to our list of patrons and we shall be glad to be assured of your interest in and sympathy with the foundation of the hospital.

    May we, at the same time, say that if any of your Highness' subjects should be coming to England we would always place at their disposal a bed in this hospital where their religious convictions as to dietary would be able to be appreciated and understood.

    I would suggest further, if I may, that it would be a great mark for all time of your Highness' tenure of the Gadi if you should found in your state a hospital similar to the Lady Margaret Hospital which would be conducted upon a system of dietary which would conform to the practice and the religious sentiments of your people.

    Should your Highness be visiting England during

this or any following summer we should esteem it a
great honour to arrange for a visit by you to our
hospital.

I have the honour to be your Highness most
obedient servant.

The Raja of Tripura.

His Highness Maharaja Kirit Bikram Kishore Manikya Dev Barman Bahadur, achaikha bisi 1933 o, Jubaraj wngkha bisi 1940 o tei thwikha bisi 2006 o.

<u>Bijapmungrem</u>

(Research References)

1. Sri Rajmala, Pratham Lahar: Sri Kaliprasanna Sen.

2. Sri Rajmala, Dvitiya Lahar: Sri Kaliprasanna Sen.

3. Progressive Tripura: Apurbha Chandra Bhattacharya.

4. A Constitutional History of Tripura: Dr. Gan-Chaudhuri.

5. The Last Dream of Maharaja Bir Bikram: Boyar Debbarma.

6. প্রবন্ধ সংগ্রহ - I: করবী দেববর্মন ।

7. আধুনিক ত্রিপুরা প্রসঙ্গ বীরবিক্রম কিশোর মাণিক (১৩৩৩-১৩৫৭ ত্রিং): ড. দ্বিজেন্দ্র নারায়ণ গোস্বামী ।

8. ত্রিপুরা রাজকীয় পতাকা ।

9. রাজগী ত্রিপুরার সরকারী বাংলা: শ্রীদ্বিজেন্দ্রচন্দ্র দত tei শ্রীসুপ্রসন্ন বন্দ্যোপাধ্যায় ।

10. The Billings Gazette, salmari April 13, 1928.

11. Chicago Tribune, salmari August 3, 1939.

12. Time Colonists, salmari August 17, 1939.

13. Souvenir - 2023 (Sapoknai: INTACH Tripura Chapter)

14. Bijap swiphuru chubanairok:
    1. Maharajkumari Pragya Deb Burman.
    2. Lt. Mohonta Arjun Debbarma.
    3. Takhuk Sourav Debbarma.
    4. Bukhuk Mari Debbarma.